MEDITAÇÃO, AUTOCONHECIMENTO *e* DICAS *para o* DIÁLOGO

Ademir Barbosa Júnior
(Dermes)
Coordenador do workshop "O diálogo como mediação de conflitos"

MEDITAÇÃO, AUTOCONHECIMENTO *e* DICAS *para o* DIÁLOGO

ANUBIS

Revisão:
Viviane Lago Propheta

Projeto gráfico e capa:
Edinei Gonçalves

Imagem de capa:
iStock.com/cokacoka

Apoio cultural:
Rádio Sensorial FM web
www.sensorialfm.com.br

Dados Internacionais de Catalogação na Publicação (CIP)
(Câmara Brasileira do Livro, SP, Brasil)

Barbosa Júnior, Ademir
Meditação, autoconhecimento e dicas para o diálogo / Ademir Barbosa Júnior (Dermes). -- São Paulo: Anúbis, 2016.

"coordenador do workshop O diálogo como mediação de conflitos".

ISBN 978-85-67855-39-4

1. Autoconhecimento 2. Espiritualidade 3. Evolução espiritual 4. Meditação I. Título.

16-01223 CDD-133.9

Índices para catálogo sistemático:
1. Meditação : Evolução espiritual :
Espiritismo 133.9

São Paulo/SP – República Federativa do Brasil
Printed in Brazil – Impresso no Brasil

Este livro segue as novas regras do Acordo Ortográfico da Língua Portuguesa.

Distribuição exclusiva
Aquaroli Books
Rua Curupá, 801 – Vila Formosa – São Paulo/SP
CEP 03355-010 – Tel.: (11) 2673-3599
atendimento@aquarolibooks.com.br

Para Karol, meu amor, em diálogo cotidiano e amoroso...

"Com serenidade, podemos cuidar de todas as coisas sem tentar controlá-las."

(Jack Kornfield)

Sumário

DICAS *para o* DIÁLOGO

ANEXO

“Meu pai sempre dizia: não levante a sua voz, melhore os seus argumentos.”

(Desmond Tutu)

Meditação: *A* Arte *de* Encontrar *a* Si Mesmo

Meditação *e* Cotidiano

O caminho espiritual, hoje, retoma a simplicidade e o cotidiano. Cada vez mais o ser humano consciente despe-se de dogmas e preconceitos para enxergar a essência de si mesmo e dos que estão a sua volta. Nesse contexto, absorve das tradições religiosas, espiritualistas e filosóficas o duradouro e o universal, sem desrespeitar, contudo, as crenças e devoções do próximo, pois sabe que cada tradição corresponde a um idioma ou dialeto com o qual a criatura dialoga com o Criador.

Para aquecer o coração, nada como meditar, isto é, aprender a ouvir a voz do Universo e da intuição. Isso pode ser feito de diversas maneiras: no trabalho manual, nas caminhadas ao pôr-do-sol, enquanto se cuida das plantas etc. Contudo, reservar momentos especiais do dia para a meditação o tornará mais atento e relaxado para compreender suas necessidades, aproximar-se de sua essência e tomar decisões. Além disso, pesquisadores da área da saúde apontam inúmeros benefícios físicos para os que meditam de maneira sistemática.

VOCÊ *é seu* PRÓPRIO MESTRE

A sabedoria da meditação consiste em aprender a tornar-se mestre de si mesmo. Independentemente da filosofia espiritualista a que se dedique, ou da comunidade religiosa de que faça parte, sempre encontrará defeitos e/ou imperfeições nos mestres. Isso ocorre por duas razões fundamentais:

a) Os mestres vivem em determinado contexto histórico em que muitas vezes os valores e costumes são diferentes dos seus.
b) Os mestres são humanos e, portanto, passíveis de errar.

Ao longo de anos de vivências e pesquisas, encontrei um mestre que manifestava saudades do casamento arranjado na infância (como era/é costume em seu país); outro que sustentou que o estupro causa danos físicos, mas não na alma, o que, para nós, hoje, é inconcebível; outros dois que afirmaram de maneira categórica que no Brasil de hoje ninguém conhece mais Ioga do que cada um deles, individualmente (ao menos um dos dois deve estar equivocado, não acha?); santos das mais diversas religiões que defenderam pontos-de-vista insustentáveis para os conceitos de democracia e de liberdade individual por nós (ainda!) cultivados neste século; mestres santos que comungaram da diversidade biológica do planeta, mas desprezaram e até maltrataram o corpo físico. A beleza da releitura dos mestres, santos e avatares reside no fato de as pessoas reciclarem os ensinamentos sem medo de serem punidas pelo Universo.

Portanto, ao participar de grupos de meditação, aprenda, questione, debata e não entregue seu poder pessoal a ninguém! O mesmo vale para os bens materiais e sua integridade física. Escolha instrutores e mestres dos quais, apesar de toda a imperfeição humana, emane a energia crística, búdica e/ou transformadora etc.

RESPEITO *e* TOLERÂNCIA

A meditação é ecumênica e, portanto, multiplica-se em técnicas budistas, iogues, de visualizações, ou ainda de exercícios respiratórios isolados como técnicas meditativas e outros. Pode ser praticada pelos reencarnacionistas ou pelos que creem na tradição do Inferno e do Paraíso eternos e absolutos; pelos que concebem Cristo como espírito evoluído ou como filho único de Javé; pelos que veem no pão e no vinho a representação de Jesus ou acreditam na transubstanciação; pelos criacionistas ou aqueles que leem o texto bíblico como um texto simbólico; pelos que professam a virgindade de Maria ou por aqueles que a visualizam como um espírito evoluído encarnado numa mulher (matéria) como as outras; pelos que creem em Alá, Zâmbi, na Grande Mãe/no Grande Espírito, na própria essência... A tolerância, pautada pela ética do coração, convida-nos a compreender a fé do próximo e a respeitá-la, desde que não agrida o bem-estar da comunidade, quando, então, precisa ser revista por todos.

Segundo um místico islâmico, existem apenas três verdades: a minha, a sua e a do mundo. Ao meditar, você perceberá a importância de abrir-se para o diálogo com tradições espirituais diferentes da sua. Pouco a pouco, e com naturalidade, você deixará de lado tudo o que atravanca sua evolução espiritual (preconceito, ignorância, dogmas e rituais escravizadores e supersticiosos etc.), sem, todavia, conforme disse Jesus, apontar o cisco no olho do próximo em vez de cuidar da trave que o impede de enxergar além.

Como meditar

A prática sistemática da meditação, dentre vários objetivos, visa a proporcionar mais atentividade e quietude. Dessa forma, pode parecer contraditório propor meditações que se utilizem de mantras ou de visualizações. No entanto, tais estratégias, além de sua eficácia, constituem degraus para níveis mais avançados de meditação que você aprenderá com mestres e instrutores experientes. Enquanto as visualizações mobilizam sua capacidade criativa e o inconsciente, os mantras o auxiliam a sentir o pulsar das palavras – e, portanto, dos pensamentos – entoadas em voz alta, surradas ou em silenciosa vibração.

Faça da Meditação "Tradicional" sua companheira. Em momentos de fadiga, poderá exercitá-la, durante alguns minutos, no banheiro da empresa, sentado no vaso sanitário, ou mesmo em pé. Poderá também meditar no ônibus, atento para manter a coluna sempre ereta e confortável. Nessas ocasiões, você empregará a meditação como verdadeiro extintor, a fim de apagar um tanto do estresse cotidiano. Contudo, isso não deve substituir a prática sistemática da meditação, no ambiente que você escolher.

Para extrair o máximo de benefício de seus momentos de meditação, pratique-a em ambiente arejado, no qual possa permanecer sem que alguém o incomode. Para tanto, retire o telefone do gancho e o relógio do pulso, desligue o celular, guarde os óculos, mantenha, se quiser, um relógio próximo a você, mas não o consulte a todo instante, sustente o direito à privacidade perante aqueles com quem divide a casa e/ou os colaboradores domésticos. Caso se sinta à vontade, poderá, ainda, meditar ao ar livre, num parque ou numa praia.

Estabeleça um ritual para a meditação. Opte pelo silêncio absoluto ou escolha um cd de músicas apropriadas. Acenda uma vela ou um incenso, ou mantenha o ambiente totalmente *clean*. Muitos preferem meditar após uma seção de Reiki, Ioga, Tai Chi, dança, bicicleta ou mesmo uma caminhada. Há os que rezam ou fazem uma leitura espiritual (livros, tarôs etc.). Existem também os que fazem alongamento, rezam, leem e fazem Respiração de Fogo (vide meditação n. 22) e sessão de Ioga antes da meditação propriamente dita... Não existe rigidez na conexão com o Universo e com você mesmo. O importante é sentir-se bem e equilibrar corpo, mente e espírito.

Não estranhe se tiver dificuldades para iniciar a meditação ou manter a atenção. A mente é irrequieta (para aprender a acalmá-la, nada como a meditação), um leãozinho faceiro, que, por vezes, parece uma fera indomável a arranhar e ferir. Então, o esforço consiste em não fazer esforço e transformar a fera em domador, pois ambos são apenas dois lados da mesma moeda. Deixe os pensamentos irem e virem como nuvens, sem combatê-los. Com a prática sistemática, você verá como tudo se arranja naturalmente.

No caso de não conseguir manter os olhos fechados, deixe-os abertos e fixe-os num ponto. Para potencializar a meditação com os olhos fechados, volte-os para cima, em direção do centro do meio da testa. Neste livro, as indicações para as técnicas de meditação aparecem descritas na chamada Meditação "Tradicional". Quando necessário, você encontrará descrições específicas de *asanas*, *mudras* e de *pranayamas*. Em todas as posturas em que você estiver sentado, será importante manter a coluna ereta (não rígida), já que ela funciona como uma antena holística, isto é, do trinômio corpo-mente-espírito, com o Universo.

Inicie o processo de meditação passo a passo. Se dispuser apenas de 1 minuto diário, use-o conscientemente. Aos poucos, procure estender a prática a 10 minutos (em *Kundalini Yoga* o tempo sugerido geralmente varia de 11 a 30 minutos). Caso possa e queira, dedique-se à meditação de pelo menos 30 minutos diários (se não dispuser de tanto tempo num mesmo período do dia, poderá, por exemplo, usar 15 minutos pela manhã e 15 minutos à noite). Conforme suas necessidades, crie ciclos da mesma meditação, os quais poderão durar, por exemplo, de 3 dias/1 semana a 40 dias ou mais.

Após a meditação seria interessante você pensar sobre ela (no momento em que praticou, você a percebeu, a sentiu). Se quiser, anote as sensações – inclusive as físicas –, as novas experiências etc. Porém, ao procurar entender o processo, não se atribua nota de 0 a 10 nem se culpe por não ter atingido o nível de concentração desejado pelo iniciante ansioso! Apenas observe e deixe a meditação fluir e fruir em sua vida!

Algumas pessoas preferem praticar o relaxamento antes ou depois da meditação. No caso de a atividade física preceder a sessão de meditação, você poderá relaxar da seguinte maneira: durante 10 minutos (ou menos ou mais, conforme desejar), deite-se confortavelmente (em colchonete, manta etc.), com as palmas das mãos voltadas para cima, e respire lenta e profundamente. Caso durma ou cochile, não se importe: aproveite!

A ÉTICA *da* MEDITAÇÃO

A ética da meditação consiste em promover o bem em todas as circunstâncias, a começar pelo processo de autoconhecimento. Não desejar o mal a ninguém, não interferir na vida alheia, respeitar o livre-arbítrio do próximo e o fluxo do Universo, pedir e desejar apenas o melhor para todos, invocar a luz para que o caminho se aclare e seja bom para a coletividade. A meditação o auxiliará a, como filho do Universo, viver com leveza e graça, atento à responsabilidade (não escravo da culpa), consciente e relaxado.

O LIVRO

Este livro reúne meditações budistas, iogues, visualizações elaboradas por mim ou de domínio público, disseminadas em cursos e vivências, bem como *pranayamas*. Como sou reikiano, em minhas práticas, costumo utilizar-me de símbolos Reiki.

A meditação é um caminho único, pessoal. O livro apresenta algumas pistas. Observe-as com atenção, mas não perca a paisagem, a viagem em si. No fundo, meditar é voltar para casa.

O Deus que habita em mim saúda o Deus que habita em você.

Ademir Barbosa Júnior

(Dermes)

PALAVRAS, *mais* *que* PALAVRAS

Asana - Postura do ioga.

Chakra - Centros de energia (vide *Meditação para percepção e consciência dos chakras*).

Ética do coração - Comportamento e ações baseados na compaixão, os quais transcendem convenções sociais, preconceitos e dogmas.

Mantra - Palavras de força, cuja repetição influi positivamente nos níveis psíquico e espiritual.

Mudra - Símbolo ou gesto. Nas meditações deste livro, representam posturas das mãos e/ou dos dedos.

Pranayama - Exercício respiratório que potencializa o prana (princípio vital).

ROTEIRO *de* VIAGEM

BARBOSA JÚNIOR (DERMES), Ademir. *Transforme a sua vida com o Reiki - Guia prático de curas e iniciações*. São Paulo: Universo dos Livros, 2006.

DALAI LAMA. *A arte de lidar com a raiva - o poder da paciência*. Rio de Janeiro: Campus, 2001. (Tradução para o inglês de Geshe Thypten Jinpa).

DERMES, Prof. *Segredos para o Vestibulando - do CDF ao ZEN*. São Paulo: Panda, 2004.

DETHLEFSEN Thorwald e DAHLKE e Rüdiger. *A doença como caminho*. São Paulo: Cultrix, s/d, pp. 109-111. (Tradução de Zilda Hutchinson Schild).

DEWHURST-MADDOCK, Olivea. *A Cura pelo Som*. São Paulo: Madras Editora, 1999. (Tradução de Andrea da Silva Medeiros).

DUNNE KIRBY, Connie e Robert & ROSS, Geraldine. *A Yoga do Amor*. São Paulo: Pensamento, s/d.

HERMÓGENES, José. *Yoga para Nervosos*. 33ª ed. Rio de Janeiro: Record/Nova Era, 1998.

KORNFIELD, Jack. *A arte do perdão, da ternura e da paz*. São Paulo: Cultrix, 2004. (Tradução de Vilma Soares).

______. *Um Caminho com o Coração*. São Paulo: Cultrix, s/d. (Tradução de Merle Coss e Melania Scoss).

RAVI SINGH. *Yoga Kundalini para el Cuerpo, la Mente y Más Allá*. New York: White Lion Press, 1996. (Tradução para o espanhol de Josefina R. Guerra e Sylvia V. Micheel).

Meditação *e* Autoconhecimento

1. Meditação "Tradicional"

Esta talvez seja a posição mais conhecida para meditar: sentado, com as pernas cruzadas, as mãos descansadas no colo (homens – mão direita sobre a esquerda; mulheres – mão esquerda sobre a direita) e voltadas para cima. Caso ainda tenha dificuldades em sentar-se nessa posição, poderá utilizar uma cadeira, mantendo as pernas em 90° e os pés no chão. Importante que a coluna esteja ereta (não *rígida*). Se preferir e tiver experiência e orientação, sente-se em posição de lótus (talvez seja a mais conhecida do ioga: com as pernas cruzadas, o pé direito toca a coxa esquerda, enquanto o pé esquerdo toca a coxa direita) ou sobre os calcanhares.

Tudo deve ser feito com muita calma, já que o objetivo da meditação, e mesmo do ioga, não é produzir contorcionistas em série. Nesta meditação

– como em todas as deste livro em que não houver orientação em contrário – a respiração deverá ser lenta e profunda.

Faça da Meditação "Tradicional" sua companheira. Em momentos de fadiga, poderá executá-la, durante alguns minutos, no banheiro da empresa, sentado no vaso sanitário, ou mesmo em pé. Poderá, ainda, meditar no ônibus, atento para manter a coluna sempre ereta e confortável. Nessas ocasiões, você utilizará a meditação como verdadeiro extintor, a fim de apagar um tanto do estresse cotidiano: contudo, isso não deve substituir a *prática sistemática* da meditação, no ambiente em que você escolher.

2. Meditação Deus *e* Eu

Esta meditação auxilia no desenvolvimento (ou na retomada) da confiança no Divino, independentemente da maneira como cada um o representa. Em língua portuguesa temos a feliz coincidência de a palavra **Deus** conter a palavra **eu**, o que certamente facilita a internalização do conceito expresso no mantra **Deus e eu, eu e Deus somos um**, além de criar uma estrutura rítmica agradável.

Inspire profundamente para começar e repita, sempre no mesmo ritmo, **Deus e eu, eu e Deus somos um**, confiando na essência daquilo que diz. Concentre-se nas palavras. Entretanto, se preferir, visualize a você mesmo e à forma que lhe agrada imaginar a personificação do Divino ou Ser Supremo (Jesus, Krisna, Deusa etc.). Em seguida, vislumbre a união das duas figuras – você e o Divino

– e perceba como essa intersecção ocorre de maneira harmônica e sem sobressaltos. Perceba, ainda, se, para você é mais fácil imaginar a personificação do Ser Supremo a se aproximar de você, ou o contrário (depois da meditação, reflita sobre isso). Ao concluir a meditação, as imagens poderão distanciar-se lentamente, ou (por que não?) permanecer unidas. A escolha é sua: Deus, em qualquer forma que o representemos, deve ser um companheiro de jornada, jamais um obsessor, um encosto, um censor...

3. MEDITAÇÃO *para* AUTOTERAPIA

I. Coloque os joelhos e as palmas das mãos no chão (*Posição da Vaca*). Levante a cabeça o quanto puder e olhe para cima. Respire longa e profundamente.

Depois do primeiro minuto, comece a pensar naquilo que o incomoda. Permita o fluxo de pensamentos negativos e maus, enquanto respira. Ao soltar o ar, expulse as frustrações acumuladas. Mantenha-se nessa posição, com respiração longa e profunda, por 7 minutos.

II. Sente-se sobre os calcanhares e abaixe a cabeça até o chão (*Posição do Bebê)*. Sinta-se protegido e perfeito, puro e seguro. Mantenha-se nessa posição de 3 a 5 minutos.

III. Sente-se sobre os calcanhares com a coluna ereta e leve a cabeça para trás. Olhe para o céu e ria. Continue a rir... pelo tempo que desejar e sem vergonha.

Esta meditação permite extravasar sentimentos e pensamentos ruins, e até grosseiros, em vez de sufocá-los. Segundo mestres de Ioga, fazer isso sob controle permitirá a você viver com mais liberdade e desenvoltura.

Inclinar-se sobre o chão significa reverência, estar pronto para a bênção, para levantar-se e empreender um novo caminho. A sensação decorrente dessa liberdade é a alegria genuína, o riso, o sorriso.

4. Meditação *para* CONSEGUIR CAPACIDADE *e* CALMA

Comodamente sentado, coloque o punho esquerdo sobre o joelho esquerdo, com a palma da mão voltada para cima. Com os dedos da mão direita (menos o polegar), tome o pulso esquerdo. Feche os olhos, mantendo-os como se olhasse para a frente. A cada pulsação, se quiser, você pode pensar numa palavra de poder, como "felicidade", "paz", "sucesso", ou no nome de alguma entidade espiritual, ou em seu próprio nome, ou ainda num mantra (em *Kundalini Yoga* usa-se o mantra *Sat Nam*, "a verdade é minha identidade", em outras tradições espirituais, o *Om*, o som primordial). O importante é fazer o som vibrar cada vez mais profundamente dentro de você.

Ao respirar lenta e profundamente, perceba como o fluxo do Universo é perfeito e se reproduz em seu organismo. Diante do controle da respiração, como não ter calma mesmo nas situações mais controvertidas? Como não agir com equilíbrio?

Lembre-se de que autocontrole não rima com apatia. O mundo lhe exige respostas todos os dias. Nesse contexto, é preciso saber dosar a ação e o repouso, o silêncio e o som, capacidade que se ampliará ao você se dedicar a esta meditação.

5. MEDITAÇÃO *para* CURA I

Com os olhos minimamente abertos, olhando para o cima (centro da testa) ou para a ponta do nariz, sente-se confortavelmente. Dobre os cotovelos e os comprima contra as laterais do corpo. Mantenha as palmas das mãos voltadas para cima, com os dedos apontados para o lado oposto ao do corpo, num ângulo de 45 graus, mantendo pressão no pulso.

Ao inalar, pense ou cante o seguinte mantra RA MA DA SA SA SAY SO HUNG, em 11 tempos, de maneira monótona:

RA	MA	DA	SA	**PAUSA**	SA	SAY	SO	HUNG	Tempo 1	Tempo 2
1	2	3	4	5	6	7	8	9	10	11

(Os tempos 1 e 2 são para inalar, em preparação para a repetição da sequência)

Ao concluir a meditação, inale, retenha o ar, envie amor e luz para quem necessitar. Visualize essa pessoa feliz e saudável, plena de contentamento. Repita essa visualização mais duas vezes. Relaxe ou pratique um pouco da Meditação "Tradicional".

Em tempo: o mantra RA MA DA SA SA SAY SO HUNG pode ser traduzido livremente como *Sol, Lua, Terra, Infinito: Eu sou esse Infinito ao qual pertenço e que contenho.*

Caso o ente querido possa participar desta meditação em grupo, sugere-se que ele se deite confortavelmente no chão, com as palmas das mãos voltadas para cima, enquanto os demais sentam-se ao seu redor, formando um círculo.

6. MEDITAÇÃO *para* CURA II – O NARIZINHO

Durante alguns minutos, ao inspirar, sinta o ar se deslocando para a parte do corpo adoentada ou machucada. Ao expirar, sinta o ar perfazendo o caminho inverso. Em seguida, fixe a atenção na parte do corpo que necessita de recuperação, como se ali houvesse um narizinho responsável pelo movimento de inspiração/expiração.

Mesmo que necessite curar simultaneamente mais de um membro, concentre-se em cada um deles. Por exemplo: se os braços estiverem machucados, faça a meditação para um e depois para o outro.

Ao fixar o narizinho em determinada parte do corpo necessitada de cuidados específicos, você atenta para a organicidade do corpo físico: como todo ele pulsa e respira!

7. MEDITAÇÃO *para o* DESENVOLVIMENTO *da* COMPAIXÃO

Esta é uma meditação desaconselhável para pessoas que atravessam períodos de depressão. Contudo, se esse for o seu caso, e você se sentir seguro, pratique-a sem sobressaltos.

Ao inspirar, visualize toda sorte de dor: miséria, fome, guerras, ódio, destruição, inveja etc. Ao expirar, permita que emane de você compaixão, compreensão e misericórdia. Ao final da meditação, inspire e expire profundamente três vezes e, se assim o desejar, permaneça em silêncio, na quietude de seu coração.

Tenha a certeza de que, ao se tornar um facho de luz, você será o primeiro a sair da escuridão. *Gesto concreto,* emanar sentimentos e pensamentos positivos é uma das maneiras de curar o planeta e as pessoas. Por esse motivo, a meditação para o desenvolvimento da compaixão *poderá tornar-se* o primeiro passo para uma intervenção positiva no cotidiano das pessoas a sua volta. Caberá a você decidir, sem pressa e sem culpa, se pretende expandir o gesto meditativo em alguma outra ação positiva, individual e coletiva, ou continuar a meditar e a enviar luz para os que mais precisam, enquanto você aprofunda sua busca de si mesmo e a autocura.

8. MEDITAÇÃO *da* PROSPERIDADE

Com as palmas das mãos voltadas para cima, inspire e comece a entoar o mantra **HAR** (*O Aspecto Criativo do Infinito*) ao mesmo tempo em que vira rapidamente as palmas das mãos para cima e para baixo. Mentalize tudo aquilo de que necessita e que seja de seu merecimento e/ou esforço.

O gesto das mãos lembra os movimentos para dar e receber algo, portanto, desprendimento e receptividade. Concentre-se, mantenha os olhos fechados ou, caso permaneçam abertos, fixe um ponto.

HAR tem o *h* aspirado, como em inglês, e o r pronunciado à moda caipira.

Esta meditação o auxiliará a sentir-se *digno* e *merecedor* de toda forma de prosperidade, seja ela material, espiritual, afetiva etc.

9. MEDITAÇÃO *para* DESENVOLVER *uma* ALIMENTAÇÃO SAUDÁVEL

Concepções imperialistas à parte, esta declaração de Napoleão Bonaparte (1769-1821) certamente nos faz pensar na qualidade e na quantidade dos alimentos ingeridos: *Homens há que governariam o mundo se governassem seus estômagos.*

Uma série de doenças contemporâneas é causada por distúrbios alimentares (por excesso ou por subalimentação) e pela péssima qualidade e/ou composição dos alimentos industrializados. Some-se a isso o hábito de muitos fazerem dietas sem orientação profissional, a falta de conhecimento sobre combinação alimentar, e entenderemos por que a obesidade se tornou epidemia e o câncer no sistema digestivo se alastra em indivíduos das mais diversas classes sociais.

Para reestruturar seu cardápio (e mesmo para se tornar vegetariano), consulte especialistas (nutricionista e/ou endocrinologista e/ou homeopata, por exemplo). Antes de se alimentar, respire fundo e veja se realmente está com fome ou apenas com necessidade de aliviar tensões. Lave as mãos: além de medida higiênica, ajuda a preparar você para comer. Alimentar-se *com consciência* significa selecionar bem os alimentos (quantidade e qualidade) manter um ritmo adequado na mastigação e, de preferência, não fazer as refeições enquanto lê jornais ou varre o chão. Respirar fundo vale também para os *self services* e cardápios sedutores: evite encher o prato como se fosse a única ou a última vez que você frequentará determinado restaurante. Tudo é uma questão de *padrão de pensamento*!

Esta meditação o ajudará a compreender que *seu corpo físico é também resultado daquilo que você come!* Ao respirar lenta e profundamente, perceba como um fio dourado internamente liga o estômago ao cérebro. Então, visualize uma refeição leve. Enquanto você mastiga e ingere uma maçã, por exemplo, o estômago se satisfaz e tal sensação é enviada ao cérebro pelo fio dourado: o alimento desce pela garganta de modo suave, no mesmo ritmo da respiração, alcança o estômago e a sensação de bem-estar chega ao cérebro e se propaga por todo o corpo. Ao concluir a refeição, você pergunta a si mesmo se o estômago *realmente* precisa de mais, percebe não ter mais fome e necessidade de alimentar-se, agradece ao Universo, ao alimento, aos que contribuíram para o alimento chegar a suas mãos e ao corpo físico, por sustentar você. Finda a meditação/visualização, respire lenta e profundamente três vezes, sinta-se seguro, sem a necessidade de agredir seu corpo físico, acumulando gordura ou rejeitando alimentar-se de modo suficiente, para contrabalançar o afeto que talvez lhe falte ou para se proteger desta ou daquela dificuldade. Se estiver com fome, faça uma refeição e vivencie o que meditou.

Mantenha cérebro, coração e estômago em consonância! Alimentação holística: a que satisfaz a mente, o espírito e o corpo.

10. MEDITAÇÃO *para* TRANSMUTAÇÃO *de* ENERGIA

Ao inspirar, visualize uma luz azul clara que penetra pelas narinas e se espalha por todo o corpo. Ao expirar, uma luz marrom sai pelo nariz. Repita o ciclo e, ao final da meditação, inspire e expire lenta e profundamente três vezes enquanto visualiza uma luz dourada que entra e sai de suas narinas e se espalha por seu corpo.

No momento de expirar a luz marrom, você pode sentir/visualizar que ela brota das extremidades (mãos e pés), passa pelo corpo todo e só então é expelida. Ou ainda, se estiver doente e precisar concentrar mais energia em algum órgão ou membro, poderá focar a transmutação da energia nessa parte do corpo. Exemplo: a luz marrom pode partir do fígado para ser expelida enquanto a luz azul clara, ao penetrar no organismo, dirige-se diretamente para esse órgão.

Sinta a leveza da energia transmutada, da purificação de seu organismo. O próprio Universo se encarregará de dissolver a energia negativa (luz marrom) ou de transformá-la.

11. Meditação *para* Percepção *e* Consciência *dos* Chakras

Muitas são as técnicas de meditação para alinhamentos de chakras. Uma das mais simples, que lhe proporcionará a percepção e a consciência desses centros de energia é a seguinte:

Inale e retenha a respiração, enquanto visualiza as cores do espectro solar que se manifestam da base da coluna até a cabeça, na seguinte ordem:

Vermelho	Base da coluna
Alaranjado	Cintura/baço
Amarelo	Estômago/plexo solar
Verde	Coração/extensão do peito
Azul claro ou celeste	Garganta/Fronte
Azul escuro ou índigo	Centro da testa
Violeta	Centro da cabeça

Ao exalar, misture as cores até formarem o branco, que inundará seu corpo físico, todo o seu ser.

Se puder e quiser, pratique esta meditação na seguinte postura: sentado sobre os calcanhares, com a testa no chão e os braços estendidos para a frente, rentes ao chão, e as palmas das mãos unidas, em pose de oração.

12. Meditação *para o* Casal

Esta é uma meditação que deverá ser preparada com muito cuidado, pois envolve dois indivíduos, duas personalidades. Antes de se entregar a ela, é importante harmonizar a respiração dos dois, por meio de exercícios, ou de Respiração de Fogo (vide meditação n. 22), ou de algum ritual: cada casal definirá as preliminares desta meditação. Entretanto, uma boa sugestão (que não atrapalhará em nada os objetivos desta meditação) consiste em alguns minutos de Meditação "Tradicional", com as mãos descansadas no colo.

Sentado um diante do outro, cada parceiro (a) colocará a mão direita sobre o coração do (a) companheiro (a) e respirará lenta e profundamente. À medida que a meditação avança, a respiração de cada um se harmonizará com o ritmo da respiração do outro. Ao final da meditação, cada um descansará as mãos no colo e respirará lenta e profundamente três vezes.

A Meditação para o casal fortalecerá a relação, expandirá a confiança e a entrega, afinal trata-se de um gesto recíproco de oferecer e receber um presente valioso: o coração do (a) parceiro (a).

13. MEDITAÇÃO *para o* CASAL II

Sentados de costas um para o outro (no chão, com as pernas cruzadas, o na cama, em cadeiras etc.), com a coluna ereta, as mãos pousadas nos joelhos. Respirem lenta e profundamente e percebam como, pouco a pouco, a respiração de ambos se harmoniza, como numa dança.

Se preferirem, enquanto meditam, emitam pensamentos de paz, compreensão e perdão ao parceiro, ou então visualizem situações de amor, prazer e luz, em ambientes claros e limpos.

14. MEDITAÇÃO *com* RESPIRAÇÃO RITMADA

Inspire por 03 segundos, segure a respiração 05 segundos, exale lentamente, entre 10 e 15 segundos, mantenha fora o ar por 05 segundos e repita automaticamente o ciclo. Deixe-se envolver pelo ritmo dessa respiração. Ao final, inspire uma só vez, alongue a coluna, retenha o ar e expire lentamente. Respire lenta e profundamente três vezes.

15. MEDITAÇÃO *para a* CRIANÇA INTERIOR

Esta meditação poderá ser praticada com os olhos fechados, com o auxílio de visualizações (conforme será descrito abaixo), ou com os olhos abertos enquanto você fixa o olhar numa foto de infância. Caso tenha dificuldade emocional em visualizar algo, contudo pretenda permanecer com os olhos fechados, poderá, então, trazer a memória uma ou mais fotos de infância.

Inspire e expire lenta e profundamente três vezes. Então, visualize uma criança - que pode ou não ser você mesmo no período da infância - na situação que desejar: ao ar livre, brincando, na escolinha etc. Traga a imagem para o coração e perceba como essa criança é bem cuidada pela natureza, pelos que estão a sua volta. Todos a tratam com carinho. *Ela recebe amor sem ser mimada.* Sorri e compreende a dimensão do amor. Então, a criança se senta no chão (ao ar livre ou num ambiente em que você/a criança se sintam seguros), em posição de meditação e inspira e expira lentamente. Note como o ritmo de sua respiração se harmoniza com o da criança. Mantenha essa imagem no coração, aceite a criança, e, no ritmo em que puder, perdoe a todos os que porventura possam tê-la maltratado, afinal ela permanece viva em você e deseja prosseguir na jornada evolutiva.

Aprenda a viver como as crianças: elas brincam o tempo todo, porém com que atenção e consciência!

16. MEDITAÇÃO *para a* SEXUALIDADE SAUDÁVEL

A melhor maneira de viver plenamente a sexualidade é o equilíbrio, a naturalidade. Quanta violência já se praticou em nome da abstinência sexual ou do sexo praticado de modo banal, sem qualquer afinidade, seja ela amor, amizade, atração mútua e/ou simplesmente tesão e cumplicidade!

A ética do coração é o melhor parâmetro para definir a prática sexual e desbloquear o corpo físico de traumas causados pelas (in) conveniências sociais. Esta meditação o auxiliará a viver em harmonia com sua sexualidade e com sua genitália. Consequentemente, consigo mesmo e com os outros.

Ao respirar lenta e profundamente, leve a respiração para seu sexo (vide a *Meditação para cura II - o Narizinho*) e perceba como ele pulsa e vibra.

Visualize uma luz dourada que emana de sua genitália enquanto respira. Repita, como um mantra, palavras de apoio do tipo: "meu sexo é limpo"; "aceito meu sexo e meu corpo" ou outras de sua preferência. Sinta-se grato a seu sexo. Se for o caso, peça-lhe desculpas/perdão por não o tratar com a dignidade e o afeto que ele merece. Ao final da meditação, inspire, retenha o ar o máximo que conseguir enquanto contrai o esfíncter anal. Expire todo o ar e o mantenha fora o máximo de tempo possível, enquanto contrai novamente o esfíncter anal. Respire lenta e profundamente ao menos três vezes.

Esta meditação poderá, ainda, ser feita com você nu, diante do espelho. Talvez, enquanto medita, você prefira manter a mão direita a alguns centímetros de seu sexo, como a abençoá-lo, ou mesmo sobre ele, de maneira protetora, sem pressioná-lo.

Sinta-se à vontade consigo mesmo. A plenitude tem vários endereços neste planeta. Um deles é seu corpo!

17. Meditação *para* COMPREENDER *e* ENFRENTAR DIFICULDADES

Após um ciclo de Meditação "Tradicional", responda, com sinceridade e por escrito, às questões abaixo. Utilize quanto tempo precisar.

1. Qual o maior problema que enfrento neste momento?
2. O que me impede de resolver esse problema?
3. O que realmente me impede de resolver esse problema?
4. Viver esse problema me proporciona que aprendizado?

Leia suas respostas com atenção e, a partir disso, trace uma estratégia de ação. Você poderá manter um caderno para anotar as respostas dessa meditação e, ao longo do tempo, compará-las. Além disso, se preferir, escreva sua estratégia de ação - ou a transcreva do caderno - em folha (s) avulsa (s) e execute o seguinte ritual: a) Leia o texto em voz alta; b) Faça uma mentalização ou prece; c) Queime a (s) folha (s) e jogue as cinzas na pia ou ao vento, mentalizando que o Universo a acolherá o que estiver escrito no papel e, claro, em seu coração.

18. MEDITAÇÃO *para o* DESENVOLVIMENTO *da* CRIATIVIDADE

A criatividade associa-se principalmente ao chakra laríngeo (garganta), daí a importância dessa meditação.

Com a língua bem estirada, inspire pela boca e expire pelo nariz, da maneira lenta e profunda. Ao finalizar a meditação, inspire e expire longa e profundamente pelo nariz.

Mestres de *Kundalini Yoga* sugerem que esta meditação (ou exercício de respiração *Sitali Pranayam*) seja feita com os braços estendidos, as palmas das mãos sobre o joelho, os polegares unidos aos indicadores e os demais dedos estendidos, como a formar o gesto de OK norte-americano.

Abra o corpo e a alma para ouvir a intuição!

19. MEDITAÇÃO *para o* CORAÇÃO/CHAKRA CARDÍACO

Dobre os braços, unindo as palmas das mãos em pose de oração, a uma distância aproximada de 8 a 10 cm do rosto e respire com suavidade. Ao final da meditação, entrelace os dedos, inspire, depois espreguice-se com prazer e expire. Descanse as mãos no colo e respire lenta e profundamente durante um minuto, ou se achar conveniente, deite-se para alguns minutos de relaxamento.

Este exercício/meditação, chamado de *Jot Kriya*, pode ajudar a prevenir ou a curar problemas cardíacos. Além disso, fortalecerá o chakra cardíaco, o que representará maior equilíbrio para lidar com as emoções. Enquanto medita, poderá concentrar-se no ritmo das batidas do coração, o qual, para bem funcionar, prescinde de uma boa alimentação, de avaliações médicas regulares e, claro, de muito amor.

20. MEDITAÇÃO *do* NOME

O nome é tão importante que diversas culturas elaboraram rituais de apresentação de crianças à comunidade, como os batizados. Em alguns povos, os nomes se alteram conforme a biografia do indivíduo ao longo do tempo, sendo necessários, portanto, novos rituais de apresentação, como em determinadas nações indígenas.

Nas sociedades ocidentais, perante a lei, um indivíduo pode alterar seu nome caso este não lhe agrade ou lhe cause constrangimento. No mundo das artes, recorre-se ao pseudônimo e/ou ao nome artístico, muitas vezes escolhido de acordo a Numerologia. Existem, ainda, os casos dos nomes iniciáticos, concernentes a filosofias, correntes espiritualistas, ordens religiosas etc. De modo geral, no cotidiano, os apelidos – nem sempre carinhosos e muitas vezes depreciativos! – imperam até mesmo em situações formais.

Esta meditação deverá ser feita, portanto com seu nome oficial, apelido ou nome iniciático: você é quem decide como (e por quem) deve ser chamado.

Separe seu nome em sílabas e as divida harmoniosamente entre os movimentos de inspiração e expiração, lentas e profundas. Ao inspirar, sinta a vibração de uma sílaba, ao expirar, a vibração de outra, e assim sucessivamente. Exemplos:

Sílvia: Síl-via: Síl (inspiração)/via (expiração)

Antônio: An-tô-nio: An (inspiração)/tô (expiração)/nio (inspiração)

Perceba o som que seu nome/apelido provoca em você. Preste atenção se lhe causa estranhamento ou prazer, se representa adequadamente sua essência. Ao meditar seu nome, descubra-se mais e, pela maneira como é chamado nas mais variadas ocasiões, compreenda como os outros enxergam você (com respeito ou com arrogância, com companheirismo ou enfado etc.).

21. MEDITAÇÃO *para* COMPREENDER *a* MORTE

Esta meditação recorda nossa imortalidade. O corpo físico é a roupa que trajamos nesta existência. Infelizmente, por essa razão, muitas pessoas se descuidam dele, ou mesmo o desprezam. Convém lembrar que uma trilha espiritual equilibrada jamais rejeita o corpo, antes o acolhe e o trata com dignidade. Afinal, se ele é a vestimenta provisória de cada indivíduo neste plano, tem de estar sempre bem passado, já que a ninguém agrada roupa amassada.

Enquanto respira lenta e profundamente, visualize a você mesmo a se despedir de pessoas queridas como se fosse viajar. Ao distanciar-se dessas pessoas, você se encaminha para um lindo campo aberto, num dia ensolarado. Então, imagine-se duplicando-se e se separando do corpo físico, enquanto o observa deitar-se delicadamente sobre a grama. Nessa visualização, você respira com calma e equilíbrio enquanto sente um calor que brota de seu peito (chakra cardíaco) e lhe dá uma sensação de contentamento. Essa sensação se espalha por você ao mesmo tempo em que observa seu corpo físico, inerte sobre o solo. De repente você percebe um raio alaranjado que desce do sol e começa lentamente a queimar o corpo físico, membro a membro, sem dor. Você observa como aos poucos ele se transforma em cinzas. Ao final da cremação, o vento espalha as cinzas pelo campo aberto, as quais se dividem pelas árvores, pelo céu e pelos elementos criados por você em sua mente (lago, pedras etc.). O corpo físico não está mais lá, porém *você* está e pode comungar do ambiente acolhedor. Sente reverência e gratidão. Sente-se pronto para seguir, livre e mais leve, num caminho bastante iluminado pelo sol. O mesmo que cuidou da transmutação de seu corpo físico, agora integrado ao cosmo.

Uma variação mais radical desta meditação consiste em você visualizar seu corpo físico, deitado na relva, ser engolido devagarinho pela terra e, quando esta se fecha, imaginar sua decomposição, membro a membro, camada a camada (carne, tecidos, ossos etc.), sem dor. Você pode, ainda, fazer esta meditação observando não a você mesmo, porém a alguém muito amado, que se despede e assiste à cremação ou à decomposição do corpo dele, conforme descrito acima.

Todos, um dia, mudaremos esta roupa...

22. Respiração *de* Fogo

Você pode fazer a **Respiração de Fogo** antes de iniciar uma sessão de meditação, ou pode fazer dela a própria meditação. Desaconselhável, segundo alguns instrutores de *Kundalini Yoga*, para gestantes e pessoas com pressão alta, a **Respiração de Fogo** deve começar a ser praticada pouco a pouco (por exemplo, 1 minuto por série, 3 minutos por série, ou como lhe aprouver). Conforme alguns estudiosos, meia hora de **Respiração de Fogo** ininterrupta provoca alteração de estado de consciência, o que não constitui o objetivo primeiro deste livro, mas pode ser uma ótima experiência, se bem orientada por instrutores capazes e experientes.

Expire ritmicamente, sem pressa, pelo nariz, como um cachorrinho. Ao final, inspire, contraia o esfíncter anal, retenha o ar quanto puder. Então, expire lentamente.

Em vez de tomar café ou pó de guaraná, quando estiver fatigado e precisar de energia extra, faça a **Respiração de Fogo** sentado, ou mesmo em pé, onde estiver. Segundo Ravi Singh, mestre de *Kundalini Yoga*, aprender a **Respiração de Fogo** significa aprender algo que os dragões fizeram durante anos. Dentre os principais benefícios dessa respiração destacam-se:

- a oxigenação do sangue para eliminar as toxinas do corpo de modo mais efetivo, o que lhe permite regenerar-se;
- a ressonância harmônica entre todos os sistemas e órgãos;
- a criação, **em um minuto**, dos efeitos internos que a respiração normal faria em **uma hora**, já que a Respiração de Fogo aciona a energia que flui pelo corpo;
- a prevenção – quando a técnica é praticada regularmente – do acúmulo de substâncias contaminadas nos pulmões.

Como *pranayama*, a **Respiração de Fogo** é praticada em diversas *asanas*. Uma delas, ótima para a digestão é a seguinte:

Sente-se sob os calcanhares ou com as pernas cruzadas. Levante os braços e forme um ângulo de 60 graus, com os cotovelos esticados. As palmas das mãos voltadas para frente e os dedos dobrados, apertando suas bases. Os polegares apontam para cima (*Pose de Águia*). Faça a **Respiração de Fogo** e, ao final da sequência, inspire, una os polegares, retenha o ar e contraia o esfíncter anal quanto puder. Então, expire lentamente, deixando os braços cair para os lados.

Ao final da Respiração de Fogo, respire lenta e profundamente três vezes, a fim de regularizar a respiração com mais suavidade.

DICAS *para o* DIÁLOGO

Introdução

Este livro traz algumas reflexões/meditações para auxiliar o diálogo consigo mesmo e com todos (família, amigos, trabalho etc.). Apresenta algumas dicas pontuais para que, de fato, a comunicação seja um instrumento de interação, e não uma forma de extravasar arrogância e autoritarismo.

Possamos todos dialogar mais e melhor, amorosamente, cientes de que diferenças não precisam ser divergências e discordar não significa necessariamente distanciar corações e mentes.

Ademir Barbosa Júnior
(Dermes)
Coordenador do workshop
"O diálogo como mediação de conflitos"

1.

Argumentar com alguém nervoso é como tentar convencer alguém alcoolizado a deixar o vício. Assim como é preciso aguardar um momento de sobriedade para a conversa com o viciado, também é preciso um momento de suavidade e lucidez para argumentar.

2.

Um adulto deve evitar dizer a uma criança algo como "Não fale assim comigo! Não sou seus coleguinhas de escola!" Inconscientemente a criança pode achar que para os coleguinhas da escola tom de voz excessivamente alto, agressões e outros estão liberados.

3.

Não generalize. O fato de uma sua vizinha dirigir mal não significa que todas as mulheres dirigem mal. Aliás, esse preconceito machista-patriarcal é facilmente desfeito, dentre outros, pelo fato de companhias de seguro cobrarem menos para motoristas do sexo feminino em virtude do menor índice de envolvimento em acidentes de trânsito.

4.

Não descaracterize ou ofenda o interlocutor. Dedique-se à argumentação, não à ofensa.

5.

Diferenças não precisam ser divergências e precisam ser respeitadas. Se numa assembleia de condomínio, por exemplo, a maioria decide pintar determinada área de azul e você prefere amarelo, vai-se mudar por esse motivo?

Quando, de fato, houver diferenças ou divergências irreconciliáveis, aí sim, o desapego e o distanciamento certamente ocorrerão. Quanto mais amoroso for o processo, melhor.

6.

Diplomacia e argumentação, paciência e saber ouvir não são técnicas de manipulação, mas estratégias para desenvolver a empatia. Não se usam tais recursos para impressionar ou amedrontar, mas para ligar um coração ao outro. Uma voz de veludo não significa necessariamente fraqueza emocional. Pelo contrário, denota domínio interior.

7.

Seja objetivo (a). Em vez de soltar ao vento a todo instante um "Nossa, como o lixo está cheio!", se precisa de ajuda, peça diretamente ao outro, que pode estar distraído, aéreo, com o foco em outras questões.

8.

"Já falei mil vezes!", diz alguém irritado. Que tal dizer pela 1001ª., com calma, atenção e talvez mudando a estratégia de comunicação. Corre-se o risco de dar certo...

9.

O escritor Richard Simonetti afirma o quanto seria interessante se todos tratassem os familiares como tratam as visitas. De fato, comumente, se uma visita quebra um copo, os donos da casa soltam um "Não foi nada!" e ainda fazem questão de limpar o estrago. No caso de um familiar, muitas vezes, começam uma grande tempestade pelo copo d´água...

10.

Gestos, olhares, toque: meios de comunicação. Contudo, para as mais diversas sociedades, a palavra sempre exerceu papel especial na interação com os indivíduos.

Na tradição hebraico-cristã, por exemplo, segundo o Antigo Testamento, a criação do mundo se dá por meio da palavra de Deus (o *fiat* ou faça-se registrado no livro do Gênesis). Ainda conforme o Antigo Testamento, Adão é convidado por Deus a nomear seres e coisas, o que o torna coautor da criação. Já no Novo Testamento, nas palavras de João e na interpretação tradicional das Escrituras, Jesus é o Verbo feito carne, o *Logos*. Outro episódio significativo é o do centurião que pede a Jesus a cura de um seu criado e, ao saber que o próprio Mestre iria a sua casa, responde, de acordo com as palavras de Mateus: "Senhor, eu não sou digno de que entres sob o meu teto; dize somente uma palavra e meu servo será curado.".

11.

Já na tradição greco-romana, o valente Odisseu teria enfrentado o gigante Polifemo com um estratagema peculiar. Primeiro conversou com ele e disse chamar-se *Ninguém*, enquanto o embebedava. Depois, feriu seu único olho. Os demais gigantes, ao ouvirem os gritos de Polifemo dizendo-se ferido, perguntavam quem fora o autor da façanha. Ao que ele respondia: "Ninguém!". Os amigos, considerando-o bêbado, não se ocuparam em socorrê-lo ou mesmo em procurar o tal de... *Ninguém*.

12.

Na tradição das narrativas árabes, um sultão, traído pela esposa, resolveu casar-se todos os dias com uma mulher diferente e, após a consumação das núpcias, assassiná-la. Sherazade, uma jovem culta e inteligente, pediu para ser apresentada ao sultão, que se apaixonou por ela e com ela se casou. Na noite de núpcias, Sherazade começou a contar ao rei uma história muito curiosa. Contudo, ao amanhecer, no momento em que deveria ser morta, a narrativa chegava ao ponto mais interessante. Então, o sultão resolveu lhe dar mais um dia de vida. A estratégia de Sherazade surtiu efeito e, após mil e uma noites de amor e histórias, o sultão revogou a lei cruel e resolveu assumir seu amor pela jovem contadora de histórias.

Sherazade: exemplo consagrado da vitória da pena sobre a espada, da força criadora da palavra sobre a força bruta, do amor sobre o ódio e o ressentimento.

13.

O silêncio realmente é uma prece quando ajuda a compreender a situação do entorno, e não se apresenta como uma exibição de suposto equilíbrio emocional ou se presta ao praguejamento interior.

14.

"Quem desdenha quer comprar." Falar mal de outrem geralmente traduz insatisfações próprias. "Quando Pedro fala de Paulo, mais sei de Pedro do que de Paulo." (Freud)

15.

Ao dialogar, olhe nos olhos, não no celular, por exemplo, o tempo todo. Ouça atentamente o que o outro diz. Há pessoas que, mesmo quando o outro declara algo absurdo, não percebe e responde "Ahã...".

16.

A linguagem corporal não é engessada, uma camisa de força. Ao contrário do que dizem revistas de paquera, não é sempre que alguém mexe nos cabelos depois de olhar para você que existe interesse afetivo-sexual. Pode ser caspa...

17.

Um copo cheio d´água até a metade.
Meio copo vazio? Um ponto de vista.
Meio copo cheio? Outro ponto de vista.
Ambos? Perspectiva de diálogo.

18.

Palavras-gatilho são as que acessam algo negativo no interlocutor, mesmo que involuntariamente. Pode ser um simples "meu amigo", durante uma negociação, ou um "não sei se você sabe o que significa", durante uma conversa. O segredo para sair da saia justa (geralmente sequer imaginada) é não se deixar abalar pela energia do outro, mudar o foco da conversa, da exposição etc., de modo a alcançar os objetivos.

19.

A mulher diz algo, o marido corrige, ela diz que não, não disse aquilo. Ele então decide deixar para lá, pois é melhor ser feliz do que ter razão e iniciar, mesmo involuntariamente, uma discussão infrutífera.

20.

O marido diz algo, a mulher corrige, ele diz que não, não disse aquilo. Ela então decide deixar para lá, pois é melhor ser feliz do que ter razão e iniciar, mesmo involuntariamente, uma discussão infrutífera.

21.

Uma esposa vivia zangada porque o marido se esquecia de colocar combustível no carro que era revezado por ambos. Então, um dia, resolveu também não completar o tanque para que ele passasse maus bocados, não se importando por ele trabalhar numa região extremamente violenta.

Ele não ficou sem combustível, mas também não se lembrou de completar o tanque. Ela passou por maus bocados.

Não teria sido mais produtivo a esposa ter feito um recado carinhoso e criativo? Duvido que o marido se esquecesse de colocar combustível...

22.

Meditar (dizer a si mesmo), ouvir a voz interior, perceber-se como boa companhia sem a necessidade de estar conectado o tempo todo ao celular, à net, à TV, não se atolar de tarefas para fugir de si mesmo. Feliz encontro de cada um consigo mesmo hoje e sempre!

23.

Pássaro aprisionado canta bonito, mas não é de alegria, é de dor.

24.

Há pessoas que dizem querer rodar o mundo para ajudar os "necessitados", mas não percebe (ou não quer perceber) as necessidades de quem está ao seu lado.

"Se eu pudesse, faria qualquer coisa por você, como roubar a lua", diz o namorado. "Ajudar a enxugar a louça já ajuda", responde a namorada. O romantismo também é (e pode ser sempre) algo cotidiano.

25.

Aprender a ouvir sem resistências. Ou o elogio mais sincero, a palavra mais amorosa de incentivo, o ensinamento mais profundo: nada mobilizará o coração, a mente, o espírito.

26

Dialogar também é ceder, não necessariamente na essência, mas em determinadas características de uma ideia, um projeto etc. Se realmente eu e o outro desejamos andar na mesma estrada, pouco importa se eu piso primeiro com o pé direito e ele com o esquerdo ou vice-versa.

27.

Histórias são presentes. Dos melhores. Ganhar uma história de alguém é uma honra, uma responsabilidade. Uma história não deve ser banalizada, fofocada, reduzida a uma narrativa sem vida, passada adiante sem autorização. Histórias são preciosas e únicas.

28.

O silêncio educa. O silêncio verdadeiro, não o da amargura e do ressentimento. O silêncio verdadeiro é uma prece, uma oportunidade de reflexão e aprendizado, uma alternativa para a palavra áspera, a ofensa, o verbo impensado. O silêncio, de fato, é eloquente.

29. Testamento

O sonho do velho William no leito de morte
Não era o relógio de ouro que jazia na cômoda
Mas o abraço que a esposa sempre dava na florista
E também deu em sua mãe e no gato persa
Eram as longas conversas que a esposa teve com o pastor Terence
Enquanto ele, William, se refugiava nos exercícios do ábaco
Quem sabe noutra vida, pensou William
Quem sabe

Ademir Barbosa Júnior
(Dermes)

A ausência de diálogo mata, geralmente aos poucos. Escolher a melhor abordagem para dialogar é vital para todo e qualquer relacionamento.

30.

O escritor checo Franz Kafka (1883-1924) conta a história de um homem que se postou em frente a uma porta e tentou de tudo para entrar. Muito tempo depois, antes de morrer, disse ao guarda "Por que você nunca me deixou entrar?", ao que o guarda respondeu: "Você nunca pediu...".

31.

Jean-Paul Sartre (1905-1980), filósofo francês, escreveu, não sem ironia, "O inferno são os outros." Quem realmente pensa assim perde a oportunidade de autorreflexão, autocrítica, e mergulha num abismo infindável de transferências e projeções. Deixando de reconhecer em si os demônios interiores (as sombras, os defeitos, as dificuldades, levem o nome que levar), vive um constante e cotidiano inferno.

32.

Convenções podem ser revistas, crenças cristalizadas podem ser quebradas. Por que apontar o dedo para um objeto ou para mostrar uma pessoa é falta de educação? As chamadas regras de etiqueta correspondem sempre aos cuidados higiênicos? Exemplo: usar a mesma colher com que se come para retirar algo de um pote de devolvê-lo à geladeira é anti-higiênico; o mesmo vale para um recipiente coma comida posta, contudo, neste último caso, se em situação informal, não haveria problema algum, tudo sendo consumido no momento. Aprende-se a não beber com a boca com comida ou a limpar os lábios sempre que se for beber algo, mas, na informalidade, tudo está ok. Deve-se pôr a mão boca quando se espirrar, porém às vezes convém virar para o lado, pois a mão está sendo utilizada para outra tarefa e pode se molhar com o espirro sem que tenha a possibilidade de imediatamente ser lavada. Ao contrário do que se pensa, no caso de um enfermo, é preferível beijar o rosto a lhe dar a mão. A medida é o afeto, o bom senso, a higiene.

33.

Cortar batatas, cebolas, cenouras etc. sobre a cuba da pia, deixando as cascas caírem dentro e depois reclamar de entupimento é trabalho perdido. O mesmo vale para a louça colocada toda dentro da cuba. Toda ação gera reação. Ações planejadas, com uma área confortável para serem reformuladas, em caso de necessidade, facilitam o bem-estar e evitam sobrecarga.

34.

Disciplina não é rigidez, mas organização. Todo atleta consciente treina e repousa. Isso é disciplina. Rigidez é coisa de cadáver.

35.

Atenção aos rompantes, à agressividade, às emoções explosivas: cinco minutos podem custar uma vida. Além disso, cinco minutos recorrentes acabam formando um dia, uma semana, um ano etc.

36.

Sempre que alguém falece as famílias fazem verdadeiros milagres orçamentários e conseguem comparecer aos velórios, mesmo em localidades distantes de onde residem. Por que não fazer o mesmo com aniversários, finais de semana, boas surpresas, formaturas e outros?

37. Crenças Cristalizadas

Crenças são cristalizadas sobretudo na infância. "Você não faz nada certo!", "Você sempre derruba tudo!" etc. Por esse motivo, muitas pessoas têm dificuldades de vivenciar a prosperidade, que vai além do ganho financeiro, pois cresceram se sentindo indignas de prosperidade, de amor, de conquistas pessoais e coletivas. É preciso romper esse ciclo, muitas vezes com apoio terapêutico e/ou espiritual para que se renasça plenamente.

38. FÁBULA CORPORATIVA

A colega de trabalho A era constantemente alvo da fúria do colega B, o qual inclusive a acusava de atos praticados por outra funcionária. Eu sempre dizia à colega: "Tenha paciência, não revide, ele não fez por mal." Com o tempo, o colega B foi ficando mais autoritário e até conseguiu o afastamento da colega A para outro departamento. Também aumentou sua arrogância para comigo e, apesar de situações irregulares, em vez de sustentar opinião própria, passou a seguir fielmente a orientação da colega C. Não digo que fosse vítima, pois lhe era conveniente essa "fidelidade", mesmo destoando do bom senso, da legislação e do combinado entre os demais colegas.

Um dia, no auge de seu autoritarismo, o colega B me agrediu. Então, a colega A, em outro departamento, me perguntou, entre solidária e irônica: "E aí? Ele não fez por mal?"

Continuo achando que "ele não fez por mal", mas por ignorância ("não conhecimento") de regras básicas de convivência e por insegurança (deixou de lado a própria opinião para se pautar, obediente, pelos ditames da colega C, inclusive, em claro processo de projeção, acusando os demais colegas de não terem opinião própria, sempre que dele discordavam, em pequenos ou grandes temas).

É muito fácil confundir autoridade (sinônimo de "coordenação") com autoritarismo (sinônimo de "imposição"). Mestre Jesus, questionado por Pilatos se conhecia a extensão da autoridade do romano, respondeu: *"Não terias nenhuma autoridade sobre mim, se esta não te fosse dada de cima."* (Jo 19,11).

Pilatos, símbolo da omissão e da insegurança, também "não fez por mal".

39.

Em algumas ocasiões, como longas viagens, costumam-se dar abraços apertados, expressões verdadeiramente ternas vêm à tona. Por que esperar longas viagens para demonstrar afeto sincero?

40.

Falar de si não é fácil, expor-se não é fácil. Também não é falar de seu currículo ou de sua experiência profissional. Durante algum tempo, entrevistadores valeram-se do seguinte exercício: o candidato a uma vaga de emprego tinha o tempo de um fósforo aceso para falar de si, seus gostos, sua vida pessoal etc., mas nada associado à sua formação e aos trabalhos anteriores. "Conhece-te a ti mesmo!" E conta para o mundo o que quiseres...

41. Atenção *e* Foco *x* Ansiedade

Teste bastante comum para seleção de funcionários há algumas décadas: o candidato recebia um questionário com o seguinte enunciado "Comece a responder somente após ler todo o documento." A maioria, ansiosa, não respeitava a regra e começava a responder. Para sua surpresa, ao final do documento estava escrito: "Agora assine e entregue em branco."

42. Meios *e* Fins

Dinheiro, enquanto energia de troca, é neutro. O uso que se fizer dele o tornará bom ou ruim. O mesmo vale para a Ciência, a TV, a Internet etc. Uma faca pode matar alguém, mas também pode romper amarras.

43.

Evite, nas palavras e nas atitudes, generalizações e particularizações indevidas, principais causas de discriminação.

Exemplo de generalização indevida: Minha vizinha dirige mal. Logo, toda mulher dirige mal.

Exemplo de particularização indevida: Ela é filha do reitor, portanto sua nota deverá ser maior.

44.

Algumas estruturas linguísticas são totalmente excludentes, e não integradoras. Quando, por exemplo, alguém afirma "Não tenho preconceito racial, inclusive tenho muitos amigos negros", mesmo que não perceba, está discriminando o outro e, sobretudo, soberbamente mostrando-se magnânimo ("Sou tão bom que até negros aceito em meu convívio...").

45. Identificação *e* Reconhecimento

Não se trata da patrulha do politicamente correto, mas como, por exemplo, chamar uma homossexual feminina? Homossexual? Lésbica? Sapatão? A regra é clara: cada segmento social tem o direito de ser identificado e reconhecido como bem entender. Obviamente termos que descaracterizem estão descartados, exceção feita para brincadeiras internas ao próprio segmento social.

Para refletir: Negro? Preto? Afrodescendente? Afro-brasileiro?

46.

Enquanto organismo vivo, a língua se transforma constantemente e se apoia no trinômio sistema - norma - uso. Em outras palavras, embora atenda à norma oficial da Língua Portuguesa, as formas "gravidezes" e "ares-condicionados", por serem pouco usuais, podem soar estranhas. Nesse caso, dê-se preferência, por exemplo, a "gestações" e "aparelhos de ar-condicionado".

47. Politicamente Correto

A língua é dinâmica e deve ser revista o tempo todo para evitar discriminação, mal-estar, agressividade etc. Contudo, o politicamente correto tem-se demonstrado verdadeira patrulha ideológica com um agravante: maquia a realidade, em vez de auxiliar a transformá-la. De que adianta chamar a empregada doméstica de "secretária do lar", se não se lhe garantem seus direitos, a mesma é maltratada pelos patrões e seus filhos etc.?

48. Foco

Quando o sábio mostra o caminho com o dedo, o aprendiz consciente olha para o caminho; o tolo, para o dedo.

49.

Quem vive no passado é verbo ou adjunto adverbial de tempo. É preciso seguir e seguir com qualidade, esgotando a mágoa ("má água"), perdoando a si e aos demais, para não ficar preso ao passado. Evidentemente, o ritmo do perdão varia de pessoa para pessoa, de situação para situação, e perdoar não significa necessariamente voltar a conviver. Por vezes, não é possível amar e conviver: então, ama-se a distância, sem deixar brechas para o ressentimento, que dirá para o ódio.

50.

Todos sonham. Quantos acordam e se levantam para realizar seus sonhos?

Não ligue para a opinião de quem, literalmente, não lhe dá crédito...

Anexo – Os Chacras

Em termos gerais, chacras (rodas) são centros de energia físico-espirituais espalhados por diversos pontos dos corpos físico e espirituais que revestem o físico. Os chacras mais conhecidos são 7, os que estão nas mãos e pés são também muito importantes para o exercício da mediunidade.

1º Chacra

Nome em sânscrito: Muladhara (Base e fundamento; suporte).

Nomes mais conhecidos em português: Base ou Básico; Raiz; Sacro.

(Muladhara) Localizado na base da coluna, na cintura pélvica, quando ativo tem a cor vermelho-fogo. Seu elemento correspondente no mundo físico é a terra. Seu som correspondente (bija), segundo segmentos religiosos tradicionais indianos, é LAM. O centro físico do chacra base corresponde às glândulas suprarrenais, as quais produzem adrenalina e são responsáveis por prover a circulação, equilibrar a temperatura do corpo, de modo a prepará-lo para a reação imediata. Trata-se do centro psicológico para a evolução da identidade, da sobrevivência, da autonomia, da autoestima, da realização e do conhecimento. Além disso, acumula impressões, memórias, conflitos e atitudes geradas pelos esforços para conseguir individualidade. Quando em desequilíbrio, produz, dentre outros, anemia, leucemia, deficiência de ferro, problemas de circulação, pressão baixa, pouca tonicidade muscular, fadiga, insuficiência renal e excesso de peso.

2º Chacra

Nome em sânscrito: Swadhistana (Morada do prazer).

Nomes mais conhecidos em português: Gênito-urinário; Esplênico.

Localizado na região de mesmo nome, quando ativo tem a cor laranja. Seu elemento correspondente no mundo físico é a água. Seu som é VAM.

O centro físico desse chacra corresponde às glândulas sexuais (ovários, próstata e testículos), responsáveis pelo desenvolvimento das características sexuais masculinas e femininas e pela regulagem do ciclo feminino. Trata-se do centro psicológico para a evolução do desejo pessoal e da força emotiva, da vontade de ter, amar, pertencer, vivenciar a estabilidade (material e emocional) e da necessidade de afeto e segurança. Além disso, acumula padrões negativos decorrentes dos esforços para estabelecer um sistema de apoio para viver e amar. Quando em desequilíbrio, produz, dentre outros, TPM, artrite e disfunções ligadas aos órgãos reprodutivos, tais quais mioma e pólipos.

3º Chacra

Nome em sânscrito: Manipura (Cidade das joias).

Nomes mais conhecidos em português: Plexo Solar; Umbilical.

Localizado na região do diafragma, pouco acima do estômago, quando ativo tem a cor amarela. Seu elemento correspondente no mundo físico é o fogo. Seu som é RAM. O centro físico do plexo solar corresponde ao pâncreas, responsável pela transformação e digestão dos alimentos. O pâncreas produz o hormônio insulina, o qual equilibra o açúcar no sangue e transforma o hidrato de carbono. Além disso, as enzimas isoladas pelo pâncreas são fundamentais para a assimilação de gorduras e proteínas. O plexo solar é o centro psicológico para a evolução da mente pessoal e da vontade de saber, aprender, comunicar e participar. Acumula padrões negativos decorrentes dos esforços para desenvolver a inteligência, a expressão de ideias, pensamentos e sonhos. Quando em desequilíbrio, produz, dentre outros, desordens no trato digestivo, diabetes, alergias, sinusite insônia.

4º Chacra

Nome em sânscrito: Anahata (O invicto; o inviolado).

Nome mais conhecido em português: Cardíaco. Localizado na porção superior do peito, quando ativo apresenta a cor verde. Seu elemento correspondente no mundo físico é o ar, enquanto seu som é YAM. O centro físico do chacra cardíaco é o timo, responsável pela regulação do crescimento, pelo sistema linfático e por estimular e fortalecer o sistema imunológico. Trata-se do centro psicológico para a evolução do idealismo, da capacidade de amar e doar, da visão real do mundo, do autoconceito, além de constituir um ponto de transferência das energias dos chacras inferiores e superiores. Quando em desequilíbrio, produz, dentre outros, palpitação, arritmia cardíaca, rubor, ataque de pânico, pressão alta, intoxicação, problemas no nível de colesterol e acidose.

5º CHACRA

Nome em sânscrito: Vishudda (O purificador).

Nomes mais conhecidos em português: Laríngeo; Cervical.

Localizado no centro da garganta, próximo ao pomo-de-adão, quando ativo tem a cor azul-claro. Seu elemento correspondente no mundo físico é o éter, enquanto seu som é HAM. Por sua vez, o centro físico do chacra laríngeo corresponde à tireoide, importante para o crescimento do esqueleto e dos órgãos internos, além de regular o metabolismo, o iodo e o cálcio no sangue e nos tecidos (em outras palavras, a tireoide desempenha papel fundamental no crescimento físico e mental). O chacra laríngeo é o centro psicológico da evolução da criatividade, da autodisciplina, da iniciativa, da responsabilidade, do agir transpessoal. Além disso, apresenta a força vibratória responsável pela formação da matéria, de modo a interligar pensamento e forma, mente e matéria. Quando em desequilíbrio, produz, dentre outros, resfriados, herpes, dores musculares ou de cabeça, congestão linfática, endurecimento do maxilar, problemas dentários, além de aumentar a suscetibilidade a infecções virais ou bacterianas.

6º Chacra

Nome em sânscrito: Ajna (Centro do comando).

Nome mais conhecido em português: Frontal.

Localizado no meio da testa, quando ativo apresenta a cor azul escuro (índigo). Não apresenta elemento correspondente no mundo físico. Seu som é OM. Seu centro físico corresponde à pituitária/ hipófise, responsável pela função das demais glândulas. O chacra frontal é o centro psicológico para a evolução do desejo de liderança, integração ao grupo, poder e controle. Liga o corpo inconsciente e o físico (mental). Quando em desequilíbrio, produz, dentre outros, vícios de drogas, álcool, compulsões, problemas nos olhos (cegueira, catarata etc.) e surdez.

7º CHACRA

Nome em sânscrito: Sarashara (Lótus das mil pétalas).

Nomes mais conhecidos em português: Coronário; Sublime.

Localizado no topo da cabeça, quando ativo tem a cor violeta, com matizes brancas. Não possui som correspondente no mundo físico, já que possui a mesma condição do Universo, de Deus. Seu centro físico corresponde à glândula pineal, a qual atua no organismo todo (quando falha, dá-se a puberdade tardia). O chacra coronário é o centro psicológico para a evolução da capacidade intuitiva, da experiência espiritual e do sentido de unificação e do divino. Por se uma ponte entre o inconsciente coletivo e o inconsciente individual, possibilita o acesso ao registro coletivo (akásico) e a libertação da necessidade de controle. Quando em desequilíbrio, produz, dentre outros, desordens no sistema nervoso, insônia, neurite, enxaqueca, histeria, disfunções sensoriais, possessão, obsessão e neuroses.

O Autor

Ademir Barbosa Júnior (Dermes) é terapeuta holístico, umbandista, escritor, pesquisador e Pai Pequeno da Tenda de Umbanda Iansã Matamba e Caboclo Jiboia, dirigida por sua esposa, a escritora e blogueira Mãe Karol Souza Barbosa.

Contatos:
E-mail: ademirbarbosajunior@yahoo.com.br.
WhatsApp: 47 97741999.

Outras publicações

FALA ZÉ PELINTRA – PALAVRAS DE DOUTOR

Ademir Barbosa Júnior (Dermes) – Ditado pelo Sr. Zé Pelintra

A vida precisa ser trilhada com sabedoria. Malandragem é saber dançar conforme as possibilidades e sem perder o passo, é jogar capoeira e aprender a cair para não cair, é não perder tempo com besteira, com supérfluo, com suposições e aproveitar cada instante, fazendo comungar o corpo e o espírito. Isso é Malandragem.

Malandro não tira nada de ninguém, mas está por perto quando a fruta mais doce cai, quando a flor mais linda brota, quando o vento melhor passa, quando a chuva mais refrescante desce do céu. Malandragem é estar no aqui e agora, sem se deixar escravizar.

Formato: 14 x 21 cm – 160 páginas

BÚZIOS – A LINGUAGEM DOS ORIXÁS

Ademir Barbosa Júnior (Dermes)

Este livro faz uma apresentação do que sejam os búzios, os Odus, os Orixás mais diretamente ligados a esse sistema oracular e outras tantas informações. Serve como referência para que o leitor conheça um pouco mais a respeito do tema e tenha critérios para selecionar as pessoas de sua confiança para jogar e interpretar. Também proporciona ao leitor a oportunidade de meditar e aprofundar-se no autoconhecimento a partir do conhecimento básico dos principais caminhos (Odus).

Formato: 16 x 23 cm – 160 páginas

MENSAGENS DOS GUIAS DE UMBANDA

Ademir Barbosa Júnior (Dermes)

A Espiritualidade tem outro tempo e fala sempre que necessário. Por meio de recados, intuições, ditados, psicografia: os métodos são múltiplos. Contudo foi-me solicitado um livro pelo Boiadeiro Sr. João do Laço. Algum tempo depois, pelo Sr. Exu Veludo. O mais prático e de acordo com a possibilidade de tempo foi fazer um livro único com mensagens de vários Guias e o resultado está aqui, o livro *Mensagens dos Guias de Umbanda*.

Saravá Umbanda! Abraço, gratidão e Axé!

Formato: 14 x 21 cm – 128 páginas

TEOLOGIA DE UMBANDA E SUAS DIMENSÕES

Ademir Barbosa Júnior (Dermes)

Em linhas gerais, etimologicamente, Umbanda é vocábulo que decorre do Umbundo e do Quimbundo, línguas africanas, com o significado de "arte de curandeiro", "ciência médica", "medicina". O termo passou a designar, genericamente, o sistema religioso que, dentre outros aspectos, assimilou elementos religiosos afro-brasileiros ao espiritismo urbano (kardecismo).

Quanto ao sentido espiritual e esotérico, Umbanda significa "luz divina" ou "conjunto das leis divinas". A magia branca praticada pela Umbanda remontaria, assim, a outras eras do planeta, sendo denominada pela palavra sagrada Aumpiram, transformada em Aumpram e, finalmente, Umbanda.

Formato: 16 x 23 cm – 256 páginas

Outras publicações

POR QUE SOU UMBANDISTA? – Memórias de um Dirigente Espiritual Teologicamente Incorreto

Ademir Barbosa Júnior (Dermes)

A Umbanda é o caminho que toca o meu coração por vários motivos, dentre eles a ausência de dogmas, a fundamentação explicada de forma lógica e analógica, a maneira como se organizam suas egrégoras de trabalho (Linhas) e a diversidade das mesmas, a pluralidade de suas matrizes, enfim. É uma religião de portas abertas, em que os sacramentos são administrados a quem o desejar, os tratamentos espirituais são universais, uma vez que não é proselitista e, portanto, não exige adesão. Solicita o compromisso de autoconhecimento de todos os que lhe frequentam os templos e exige disciplina dos médiuns, uma vez que mediunidade sem disciplina é como amor sem compromisso.

Por que sou umbandista? Porque é o caminho do meu coração.

Formato: 14 x 21 cm – 160 páginas

CANDOMBLÉ – UMA RELIGIÃO ECOLÓGICA

Ademir Barbosa Júnior (Dermes)

Este livro tem como objetivo apresentar um quadro sobre o Candomblé, respeitando sua pluralidade e diversidade. Não se trata de um manual ou de um livro sobre Teologia. Também não pretende chancelar os fundamentos desta ou daquela Nação, casa ou conjunto de casas.

No Candomblé não se faz nada que fira o livre-arbítrio, assim como na Espiritualidade nada acontece que fira as Leis Divinas, cujos pressupostos conhecemos apenas palidamente.

Religião nascida no Brasil, ao contrário do que reza o senso comum, o Candomblé é totalmente ecológico. Nele, o homem integra a natureza, não a domina ou explora deliberadamente. A circulação de Energia (Axé) é contínua e ininterrupta.

Formato: 16 x 23 cm – 160 páginas

NOVOS PONTOS CANTADOS DE UMBANDA – O FUNDAMENTO COGNITIVO DA RELIGIÃO

Karol Souza Barbosa

Este livro disponibiliza novos pontos cantados de Umbanda, ordenados como pontos de raiz, provindos da espiritualidade (psicografia), e pontos terrenos, escritos pela autora (pautados nos fundamentos religiosos e que auxiliem a conexão vibratória necessária com as Potências Espirituais).

Formato: 16 x 23 cm – 144 páginas

AS CLAVÍCULAS DE SALOMÃO – AS SAGRADAS MAGIAS CERIMONIAIS DO REI

Carlinhos Lima

Fonte primordial, celeiro da Magia Cabalística e origem de muitas das magias cerimoniais dos tempos medievais, as *Clavículas* sempre foram estimadas e valorizadas pelos escritores ocultistas, como uma obra da maior autoridade; e notáveis ocultistas mais próximos de nosso tempo, como o grande Eliphas Levi, Aleister Crowley e outros, tomaram como modelo para seus celebrados trabalhos. Um bom exemplo é a excepcional obra *"Dogmas e Rituais da Alta Magia"* de Eliphas Levi, que se baseou profundamente nas Clavículas.

Na verdade, o buscador vai perceber facilmente que não só Levi se baseou nas *Clavículas de Salomão*, mas, foram muitos os que o tomaram como seu livro de estudo.

Formato: 16 x 23 cm – 288 páginas

Outras publicações

RITUAIS DE UMBANDA

Evandro Mendonça

Este livro é uma junção de antigos rituais, bem simples e fáceis de fazer, e que só vem a somar àqueles médiuns ou terreiros iniciantes.

Mas, poucos sabem que esses rituais foram, são e sempre serão, regidos por uma lei que sempre se chamou, que a chamamos e sempre chamaremos Umbanda com amor e respeito.

Portanto, dentro da religião de Umbanda, ter conhecimento dessas leis, forças, rituais e etc., significa poder.

Formato: 16 x 23 cm – 192 páginas

RITUAIS DE QUIMBANDA – LINHA DE ESQUERDA

Evandro Mendonça

Essa obra é mais um trabalho dedicado aos que querem e buscam um pouco mais de conhecimento sobre como trabalhar com os exus e pombas-gira.

São rituais simples, mas muito eficazes, que podem ajudar muito o dia a dia de um médium e de um terreiro de Umbanda.

Espero que façam um bom uso desses rituais, e nunca esqueçam a lei do livre arbítrio, ação e reação e do merecimento de cada um. Somos livres para plantarmos o que quisermos, mas somos escravos para colhermos o que plantamos.

Formato: 16 x 23 cm – 224 páginas

UMBANDA – UM CAMINHO PARA A ESPIRITUALIDADE

Ademir Barbosa Júnior (Dermes)

Este livro traz algumas reflexões sobre a Espiritualidade das Religiões de Matriz Africana, notadamente da Umbanda e do Candomblé. São pequenos artigos disponibilizados em sítios na internet, notas de palestras e bate-papos, trechos de alguns de meus livros.

Como o tema é amplo e toca a alma humana, independentemente de segmento religioso, acrescentei dois textos que não se referem especificamente às Religiões de Matriz Africana, porém complementam os demais: "Materialização: fenômeno do algodão" e "Espiritualidade e ego sutil".

Espero que, ao ler o livro, o leitor se sinta tão à vontade como se pisasse num terreiro acolhedor.

Formato: 16 x 23 cm – 144 páginas

MITOLOGIA DOS ORIXÁS – LIÇÕES E APRENDIZADOS

Ademir Barbosa Júnior (Dermes)

O objetivo principal deste livro não é o estudo sociológico da mitologia iorubá, mas a apresentação da rica mitologia dos Orixás, que, aliás, possui inúmeras e variadas versões.

Não se trata também de um estudo do Candomblé ou da Umbanda, embora, evidentemente, reverbere valores dessas religiões, ditas de matriz africana.

Foram escolhidos alguns dos Orixás mais conhecidos no Brasil, mesmo que nem todos sejam direta e explicitamente cultuados, além de entidades como Olorum (Deus Supremo iorubá) e as Iya Mi Oxorongá (Mães Ancestrais), que aparecem em alguns relatos.

Formato: 16 x 23 cm – 144 páginas

Outras publicações

DICIONÁRIO DE UMBANDA

Ademir Barbosa Júnior (Dermes)

Este dicionário não pretende abarcar toda a riqueza da diversidade do vocabulário umbandista em território nacional e no exterior, muito menos das suas variações litúrgicas, das vestimentas, do calendário, dos fundamentos etc., a qual muitas vezes varia de casa para casa, de segmento para segmento.

Como critério de seleção, optou-se pelos vocábulos de maior ocorrência, contudo sem desprezar regionalismos, variantes e outros.

Vocábulos específicos dos Cultos de Nação aparecem na lista, ou porque fazem parte do cotidiano de algumas casas de Umbanda, ou porque se referem a práticas comuns nas casas ditas cruzadas.

Formato: 16 x 23 cm – 256 páginas

UMBANDA – O CAMINHO DAS PEDRAS

Ademir Barbosa Júnior (Dermes)

O resumo desse farto material compõe as narrativas que se seguem, nas quais, evidentemente, preservei as identidades dos encarnados e desencarnados envolvidos, bem como as identidades dos Guias e Guardiões, assim como as dos templos umbandistas.

Para facilitar a compreensão e privilegiar a essência dos casos estudados, cada narrativa é a síntese de visitas, conferências e exibições de casos, sem que se aponte a cada instante qual o método utilizado.

As narrativas possuem caráter atemporal e representam algumas das sombras da alma humana, em constante evolução, com ascensões e quedas diárias. Tratam de situações que ocorrem em qualquer ambiente, recordando o conselho crístico de orar e vigiar.

Formato: 16 x 23 cm – 144 páginas

ANUBIS

POR QUE RIEM OS ERÊS E GARGALHAM OS EXUS?

Ademir Barbosa Júnior (Dermes)

Há diversos livros sobre Espiritualidade e bom humor em diversos segmentos religiosos ou espiritualistas. Este livro é uma pequena contribuição para o riso consciente, saboroso, e não para o bullying ou para se apontar o dedo. O objetivo é rir *com*, e não rir *de*.

Em tempo, além de motivados pela alegria, os Erês riem também para descarregar os médiuns, tranquilizar e suavizar os que falam com ele, harmonizar o ambiente etc.

Já os Exus e as Pombogiras gargalham não apenas por alegria. Suas gostosas gargalhadas são também potentes mantras desagregadores de energias deletérias, emitidos com o intuito de equilibrar especialmente pessoas e ambientes.

Formato: 14 x 21 cm – 128 páginas

NO REINO DOS CABOCLOS

Ademir Barbosa Júnior (Dermes)

Este livro é um pequeno mosaico sobre os Caboclos, estes Guias tão importantes para o socorro e o aprendizado espirituais, cuja ação ultrapassa as fronteiras das religiões de matrizes indígenas e africanas para chegar, ecumenicamente e sob formas diversas, ao coração de todos aqueles que necessitam de luz, orientação, alento e esperança.

Formato: 16 x 23 cm – 144 páginas

Outras publicações

ORIXÁS – CINEMA, LITERATURA E BATE-PAPOS

Ademir Barbosa Júnior (Dermes)

Este livro apresenta alguns textos para reflexões individuais e coletivas. A primeira parte dele aborda curtas e longas-metragens em que Orixás, Guias e Guardiões são representados, relidos, recriados. A segunda parte traz propostas de leituras da riquíssima mitologia dos Orixás, como oralitura e literatura. Já a terceira parte deste livro apresenta textos seminais para que se compreenda a história e a luta do Povo de Santo, bem como as alegrias e dores individuais da filiação de Santo.

Possam os textos sempre favorecer o diálogo e, quando necessário, contribuir para o debate.

Formato: 14 x 21 cm – 144 páginas

REIKI – A ENERGIA DO AMOR

Ademir Barbosa Júnior (Dermes)

Este livro resulta, sobretudo, do diálogo fraterno com reikianos, leitores, interlocutores virtuais e outros.

Não tem a intenção de esgotar o assunto, mas abrirá canais de comunicação para se entender ainda mais a vivência e a prática do Reiki.

Nas palavras de Jung, "Quem olha para fora, sonha; quem olha para dentro, acorda.". O Reiki é um excelente caminho para quem deseja viver conscientemente o dentro e o fora. Basta ter olhos de ver e abrir-se à Energia, no sistema Reiki, por meio de aplicações e/ou de iniciações.

Formato: 16 x 23 cm – 192 páginas

ANUBIS

TARÔ DE MARSELHA – MANUAL PRÁTICO

Ademir Barbosa Júnior (Dermes)

O Tarô consiste num oráculo, num instrumento de autoconhecimento, de observação e apreensão da realidade, consultado por meio de cartas.

Como as cartas (ou lâminas, numa terminologia mais técnica), nas mais diversas representações no tempo e no espaço, tratam de arquétipos universais – e o objetivo deste livro não é estabelecer a história do Tarô, o que diversos bons autores já fizeram –, todas as atenções se concentrarão no tipo de baralho estudado: o Tarô de Marselha.

Acompanha um baralho com 22 cartas coloridas, dos Arcanos Maiores.

Formato: 14 x 21 cm – 160 páginas

TARÔ DOS ORIXÁS

Ademir Barbosa Júnior (Dermes)

O Tarô dos Orixás é um oráculo baseado na riquíssima espiritualidade de Orixás, Guias, Guardiões e da Ancestralidade Individualizada (Babá Egun). Idealizado pelo autor, apresenta a sabedoria, os ensinamentos e as lições para cada setor da vida (saúde, amor, finanças etc.) em leituras breves ou mais aprofundadas.

Sempre respeitando o livre-arbítrio, o Tarô dos Orixás é um instrumento seguro de autoconhecimento ou de atendimento e orientação a indivíduos e/ou grupos em busca de experiências centradas e equilibradas, nas quais as luzes e sombras de cada um e do conjunto sejam reconhecidas, respeitadas e integradas.

Com 22 cartas ricamente ilustradas por Miro Souza, o Tarô dos Orixás, mais que um oráculo, é uma fonte de movimentação de Axé para todos os que dele se utilizam.

Formato: 14 x 21 cm – 160 páginas

Outras publicações

SARAVÁ EXU

Ademir Barbosa Júnior (Dermes)

Orixá Exu é bastante controvertido e de difícil compreensão, o que, certamente, o levou a ser identificado com o Diabo cristão.

Responsável pelo transporte das oferendas aos Orixás e também pela comunicação dos mesmos, é, portanto, seu intermediário. Como reza o antigo provérbio: "Sem Exu não se faz nada.".

Responsável por vigiar e guardar as passagens, é aquele que abre e fecha os caminhos.

Neste livro o leitor encontrará esclarecimentos e dúvidas como simbolos, cores, planetas e muito mais curiosidades ligados ao Orixá Exu.

Formato: 14 x 21 cm – 144 páginas

SARAVÁ IANSÃ

Ademir Barbosa Júnior (Dermes)

Iansã é considerada o Orixá guerreiro, senhora dos ventos, das tempestades, dos trovões e também dos espíritos desencarnados (eguns), conduzindo-os para outros planos, ao lado de Obaluaê.

Divindade do rio Níger, ou Oya, é sensual, representando o arrebatamento, a paixão.

De temperamento forte, foi esposa de Ogum, e depois a mais importante esposa de Xangô (ambos tendo o fogo como elemento afim).

Irrequieta e impetuosa, é a senhora do movimento e, em algumas casas, também a dona do teto da própria casa.

Neste livro o leitor encontrará esclarecimentos e dúvidas como símbolos, cores, planetas e muito mais curiosidades ligados ao Orixá Iansã.

Formato: 14 x 21 cm – 144 páginas

SARAVÁ IEMANJÁ

Ademir Barbosa Júnior (Dermes)

Iemanjá é considerada a mãe dos Orixás, divindade dos Egbé, da nação Iorubá, está ligada ao rio Yemojá. No Brasil, é a rainha das águas salgadas e dos mares.

Protetora de pescadores e jangadeiros, suas festas são muito populares no país, tanto no Candomblé quanto na Umbanda, especialmente no extenso litoral brasileiro. Senhora dos mares, das marés, das ondas, das ressacas, dos maremotos, da pesca e da vida marinha em geral.

Conhecida como Deusa das Pérolas, é o Orixá que apara a cabeça dos bebês na hora do nascimento.

Neste livro o leitor encontrará esclarecimentos e dúvidas como símbolos, cores, planetas e muito mais curiosidades ligados ao Orixá Iemanjá.

Formato: 14 x 21 cm – 144 páginas

SARAVÁ NANÃ

Ademir Barbosa Júnior (Dermes)

Orixá Nanã é a Senhora da vida (lama primordial) e da morte (dissolução do corpo físico na Terra), seu símbolo é o ibiri – feixe de ramos de folha de palmeiras, com a ponta curvada e enfeitado com búzios.

Segundo a mitologia dos Orixás, trata-se do único Orixá a não ter reconhecido a soberania de Ogum por ser o senhor dos metais: por isso, nos Cultos de Nação, o corte (sacrifício de animais) feito à Nanã nunca é feito com faca de metal.

Presente na chuva e na garoa: banhar-se com as águas da chuva é banhar-se com o elemento de Nanã.

Neste livro o leitor encontrará esclarecimentos e dúvidas como símbolos, cores, planetas e muito mais curiosidades ligados ao Orixá Nanã.

Formato: 14 x 21 cm – 144 páginas

Outras publicações

SARAVÁ OBALUAÊ

Ademir Barbosa Júnior (Dermes)

Orixá Obaluaê é filho de Nanã, irmão de Iroko e Oxumaré, tem o corpo e o rosto cobertos por palha-da-costa, a fim de esconder as marcas da varíola; ou, sendo outras lendas, por ter o brilho do próprio Sol e não poder ser olhado de frente.

Foi criado por Iemanjá, pois Nanã o rejeitara por ser feio, manco e com o corpo coberto de feridas.

Orixá responsável pelas passagens de plano para plano, de dimensão para dimensão, da carne para o espírito, do espírito para a carne.

Neste livro o leitor encontrará esclarecimentos e dúvidas como símbolos, cores, planetas e muito mais curiosidades ligados ao Orixá Obaluaê.

Formato: 14 x 21 cm – 144 páginas

SARAVÁ OGUM

Ademir Barbosa Júnior (Dermes)

Ogum é o Orixá do sangue que sustenta o corpo, da espada, da forja e do ferro, é padroeiro daqueles que manejam ferramentas, tais como barbeiros, ferreiros, maquinistas de trem, mecânicos, motoristas de caminhão, soldados e outros.

Patrono dos conhecimentos práticos e da tecnologia, simboliza a ação criadora do homem sobre a natureza, a inovação e a abertura de caminhos em geral.

Neste livro o leitor encontrará esclarecimentos e dúvidas como simbolos, cores, planetas e muito mais curiosidades ligados ao Orixá Ogum!

Formato: 14 x 21 cm – 144 páginas

SARAVÁ OXÓSSI

Ademir Barbosa Júnior (Dermes)

Oxóssi é associado ao frio, à noite e à lua, suas plantas são refrescantes. Ligado à floresta, à árvore, aos antepassados, Oxóssi, enquanto caçador, ensina o equilíbrio ecológico, e não o aspecto predatório da relação do homem com a natureza, a concentração, a determinação e a paciência necessárias para a vida ao ar livre.

Rege a lavoura e a agricultura.

Na Umbanda, de modo geral, amalgamou-se ao Orixá Ossaim no que toca aos aspectos medicinais, espirituais e ritualísticos das folhas e plantas.

Neste livro o leitor encontrará esclarecimentos e dúvidas como simbolos, cores, planetas e muito mais curiosidades ligados ao Orixá Oxóssi.

Formato: 14 x 21 cm – 144 páginas

SARAVÁ OXUM

Ademir Barbosa Júnior (Dermes)

Oxum é o Orixá do feminino, da feminilidade, da fertilidade; ligada ao rio de mesmo nome, em especial em Oxogbô, Ijexá (Nigéria).

Senhora das águas doces, dos rios, das águas quase paradas das lagoas não pantanosas, das cachoeiras e, em algumas qualidades e situações, também da beira-mar.

Perfumes, joias, colares, pulseiras e espelhos alimentam sua graça e beleza. Senhora do ouro (na África, cobre), das riquezas, do amor.

Orixá da fertilidade, da maternidade, do ventre feminino

Neste livro o leitor encontrará esclarecimentos e dúvidas como simbolos, cores, planetas e muito mais curiosidades ligados ao Orixá Oxum.

Formato: 14 x 21 cm – 144 páginas

Outras publicações

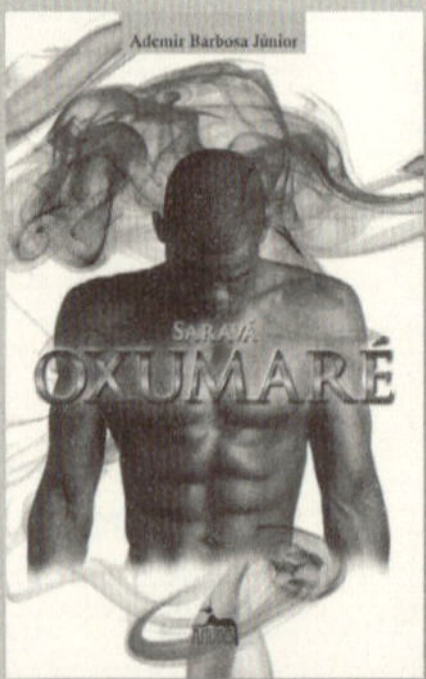

SARAVÁ OXUMARÉ

Ademir Barbosa Júnior (Dermes)

Oxumaré é o responsável pela sustentação do mundo, controla o movimento dos astros e oceanos.

Representa o movimento, a fertilidade, o continuum da vida: Oxumaré é a cobra que morde a própria cauda, num ciclo constante.

Oxumaré carrega as águas dos mares para o céu para a formação das chuvas. É o arco-íris, a grande cobra colorida.

Também é associado ao cordão umbilical, pois viabiliza a comunicação entre os homens, o mundo dito sobrenatural e os antepassados.

Neste livro o leitor encontrará esclarecimentos e dúvidas como simbolos, cores, planetas e muito mais curiosidades ligados ao Orixá Oxumaré.

Formato: 14 x 21 cm – 144 páginas

SARAVÁ XANGÔ

Ademir Barbosa Júnior (Dermes)

Xangô é o Orixá da Justiça. Justiça com compaixão: uma vivência cotidiana. Xangô é dança, é expressão, é eloquência em todos os sentidos, não apenas da palavra. Xangô quer falar, rodar, brincar, ser visto.

Orixá do fogo, do raio, do trovão, faísca que pode provocar incêndio. Paixão, devoção, plenitude de potencialidades, fogo que prova de si mesmo e, por isso, não se queima.

Sensibilidade à flor da pele, lava que se assenta para ouvir melhor e argumentar, em vez de explodir, em exercício de impassibilidade de pedra. Montanha que se alcança com passos precisos, pois do alto a vista é maior. Fogo que se alimenta de si: Xangô.

Neste livro o leitor encontrará esclarecimentos e dúvidas como símbolos, cores, planetas e muito mais curiosidades ligados ao Orixá Xangô.

Formato: 14 x 21 cm – 144 páginas

ANUBIS

AROYÊ POMBOGIRA
ARIA PADILHA

demir Barbosa Júnior (Dermes)

omo saber a diferença entre diversidade e seudofundamento? A intuição e o coração morosos são ótimos guias para as situaões mais diversas: não há como errar. Por utro lado, para se trabalhar a mediunidade, m qualquer segmento, em especial nas eligiões de matriz africana, é necessário er orientação, conhecimento e disciplina.

ste livro se propõe a apresentar um moaico sobre o Orixá Exu, os Guardiões Exus e Pombogiras) e a Pombogira aria Padilha.

screver sobre Exu e a Esquerda é falar e energia, potência, força, proteção, seriço, fidelidade, dedicação e fé.

ue nos protejam sempre, para que posamos passar por todos os caminhos e ncruzilhadas, aprendendo as lições de mor e de dor.

ormato: 14 x 21 cm – 144 páginas

LAROYÊ POMBOGIRA CIGANA
SETE SAIAS

Ademir Barbosa Júnior (Dermes)

Como saber a diferença entre diversidade e pseudofundamento? A intuição e o coração amorosos são ótimos guias para as situações mais diversas: não há como errar. Por outro lado, para se trabalhar a mediunidade, em qualquer segmento, em especial nas religiões de matriz africana, é necessário ter orientação, conhecimento e disciplina.

Este livro se propõe a apresentar um mosaico sobre o Orixá Exu, os Guardiões (Exus e Pombogiras) e a Pombogira Cigana Sete Saias.

Escrever sobre Exu e a Esquerda é falar de energia, potência, força, proteção, serviço, fidelidade, dedicação e fé.

Que nos protejam sempre, para que possamos passar por todos os caminhos e encruzilhadas, aprendendo as lições de amor e de dor.

Formato: 14 x 21 cm – 144 páginas

Distribuição exclusiva

AQUAROLIBOOKS®

www.aquarolibooks.com.br